"十三五"国家重点图书项目

国家出版基金项目
NATIONAL PUBLICATION FOUNDATION

中外文化交流史

何芳川◎主编

孔远志◎著

中国印度尼西亚文化交流史

国际文化出版公司

·北京·

图书在版编目（CIP）数据

中外文化交流史．中国印度尼西亚文化交流史 / 何芳川主编；孔远志著 . —— 北京：国际文化出版公司，2020.12

ISBN 978-7-5125-1230-6

Ⅰ . ①中… Ⅱ . ①何… ②孔… Ⅲ . ①中外关系—文化交流—文化史—印度尼西亚 Ⅳ . ① K203 ② K342.03

中国版本图书馆 CIP 数据核字 (2020) 第 270265 号

中外文化交流史·中国印度尼西亚文化交流史

主　　编	何芳川
作　　者	孔远志
统筹监制	吴昌荣
责任编辑	崔雪娇
出版发行	国际文化出版公司
经　　销	全国新华书店
印　　刷	文畅阁印刷有限公司
开　　本	710 毫米 × 1000 毫米　　16 开
	6.5 印张　　100 千字
版　　次	2020 年 12 月第 1 版
	2020 年 12 月第 1 次印刷
书　　号	ISBN 978-7-5125-1230-6
定　　价	38.00 元

国际文化出版公司
北京朝阳区东土城路乙 9 号　　　　邮编：100013
总编室：（010）64271551　　　　传真：（010）64271578
销售热线：（010）64271187
传真：（010）64271187—800
E-mail: icpc@95777.sina.net

目录
Contents

第一章

宗教

印尼的佛教主要是由印度传入的。而中国僧人及华人佛教徒在印尼的宗教活动以及中国古籍上有关印尼佛教的记载也是中国和印尼佛教文化交流的重要组成部分。

东晋高僧法显自陆路赴印度求经，在取海道归国途中曾于义熙七年（411）漂泊至耶婆提（爪哇，一说苏门答腊或兼指此二岛）。他在耶婆提羁旅 5 个月，后在《佛国记》中称："乃到一国，名耶婆提。其国外道婆罗门兴盛，佛法不足言。"

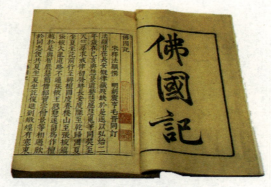

法显所著的《佛国记》

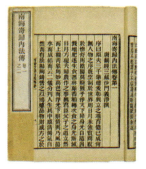

《南海寄归内法传》

　　7世纪时，佛教在中国和印尼都十分兴盛。公元671—695年的25年中，唐朝高僧义净赴印度取经往返于中国和印尼之间，曾3次在室利佛逝逗留，前后共10余年。他撰写的《南海寄归内法传》（以下简称《内法传》）四卷和《大唐西域求法高僧传》（以下简称《高僧传》）两卷，是研究印尼古代史，特别是佛教史的珍贵文献。例如《高僧传》载，罽宾国（今克什米尔）王子求那跋摩（Gunawarman，意译：功德铠）以世乱出家修道，于公元420年前后到印尼的阇婆（位于中爪哇），劝说该国国王改宗佛教。从此，阇婆成了中爪哇第一个印度化的佛教王国，崇奉小乘佛正式传入印尼。[①]唐代另一高僧会宁在公元664—665年抵爪哇的诃陵，三年间与印尼僧人若那跋陀罗（Janabadra，意译：智贤）共同翻译了佛经《阿笈摩经》，"译出如来焚身之事"。[②]会宁精通古爪哇语，先后居住在爪哇和室利佛逝，终老于印尼。

　　与义净、会宁同一时期赴室利佛逝、末罗游

[①]　Departemen Agama Republik Indonesia, 2500 *Tahun Buddha Jayanti*, 1957, p.11；王任叔：《印度尼西亚古代史》，中国社会科学出版社，1987年版第341～343页。
[②]　（唐）义净：《大唐西域求法高僧传校注》，王邦维校注，中华书局，1988年版第76页。

或诃陵的中国僧人有近 20 名。其中运期、怀业留在室利佛逝，成为较早侨居东南亚的华僧。义净在《寄归传》中对室利佛逝僧人斋供的详细描述，是世界上最早的有关佛教斋供的记载。[①] 这对我们了解 7 世纪室利佛逝的佛教和社会生活是十分有益的。

《宋史·外国列传》"三佛齐"条载，咸平六年（1003）三佛齐王思离朱罗无尼佛麻调华（Sri Culamaniwarmadewa）遣使向北宋王朝禀报：三佛齐将兴建一佛寺，为北宋皇帝祝寿，特请北宋皇帝为新建佛寺"赐名及钟"。宋真宗欣然赐予"承天万寿"的寺额和铸钟。印尼历史学家萨努西·巴尼推测，上述新建的佛寺是旁苏陵庙（Candi Bongsu）。[②]

宋真宗画像

1011—1023 年，中国西藏佛学改革家阿谛娑（Atisa）曾在三佛齐佛教大法师达马克蒂（Dharmakrti）门下学习过。著名的《阿谛娑传》里把达马克蒂称作当时最伟大的佛教学者。达马克蒂同阿谛娑的关系无疑对中国西藏的佛教改革

---

① （唐）义净：《南海寄归内法传校注》，王邦维校注，中华书局，1995 年版第 62 ～ 66 页。
② ［印尼］萨努西·巴尼：《印度尼西亚史》，吴世璜译，商务印书馆，1972 年版第 139 页。Candi Bongsu 一词，见原著 1955 年版第 102 页。

起了不小的作用。[①]

据《广州旧志》和《广州重修天庆观记》（碑文）记载，11世纪三佛齐大首领（即大地主）地华伽罗出资修建已遭毁的广州天庆观。1067年动工，1079年告竣。

三佛齐与宋廷关系十分密切。其中宗教信仰相同是重要因素之一。《宋史·外国列传》"三佛齐"条还载，三佛齐使者来华时曾携带"水晶佛"与"梵夹经"，而且在中国购置"僧紫衣、师号、牒"等物。

随着16世纪中叶印尼主要岛屿的伊斯兰教化，佛教逐渐成为华人为主的宗教。这一状况一直延续至今。自汉唐以来，中国国内就有许多人同时信奉佛教、道教和儒教。因而印尼华人（这里所指华人是对具有中国血统者的泛称）将上述三种宗教合称"三教"，他们信奉"三教"，并把中国的传统文化带到了印尼。

印尼的孔教是印尼华人创建的。1900年著名华人团体中华会馆成立，积极宣扬孔子学说。该团体的领导人之一李金福的《华人宗教》一文，

李金福

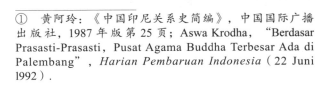

① 黄阿玲：《中国印尼关系史简编》，中国国际广播出版社，1987年版第25页；Aswa Krodha, "Berdasar Prasasti-Prasasti, Pusat Agama Buddha Terbesar Ada di Palembang", *Harian Pembaruan Indonesia*（22 Juni l992）.

曾论述了孔子学说与佛教、道教的结合。

中爪哇三宝垄著名的三保庙是华人建立的，它突出体现了"三教"的特点。新加坡学者李炯才写道，三宝垄的"三宝（保）庙具有三种宗教合一的特质。佛教的外观表现在寺庙的形式，道教是表现在古锭遗迹的神秘气氛，孔教的景观是呈现在孔子的肖像，以及纪念百名水手遗迹，代表着孔教提倡祖先崇拜的教旨"。①

三宝垄的三宝庙

---

① 李炯才：《印尼——神话与现实》，新加坡教育出版社，1979年版第80页。

中国僧人还到印尼兴建佛寺。例如第二次世界大战前，福建莆田广化寺僧人到雅加达兴建了同名下院广化寺，后又在万隆建下院协天宫，在楠榜建大兴庙，在井里汶建潮觉寺等 9 座寺庙，并在廖内岛建 6 座妈祖宫。①

据笔者统计，印尼全国各地华人主要佛教、道教、孔教和中国民间宗教的寺庙、宫观至少有217座。②除了促进佛教的交流外，华人也把源于中国的道教、孔教和中国民间宗教介绍到印尼。

表1

地区	数量	地区	数量
雅加达	72	巴厘	2
西爪哇	11	苏门答腊	35
中爪哇	32	加里曼丹	38
东爪哇	18	苏拉威西	7
马都拉	1	其他地区	1
总计		217	

资料来源：Salmon, Claudine & D.Lombard：*Klenteng-Klenteng Masyarakat Tionghoa Di Jakata*, Jakarta：Yayasan Cipta Loka Caraka, 1985；Salmon, Claudine & Anthony K.K.Siu（ed.）：*Chinese Epigraphic Materialsin Indonesia*, South Seas Society, Singapore, Ecole francaise d'Extreme Orient, Paris, Association Archipel, Paris, 1997; 沈立新主编的《华侨华人百科全书》社区民俗卷，中国华侨出版社，2000 年版；Setiawan, E.& Kwa Thong Hay, *Dewa Dewi Kelenteng, Semarang：Yayasan Kelenteng Sampookong Gedung Batu Semarang,* 1990；*Majalah Mutiara*. No. 365（29 Januari–11 Pebruari 1986）.

两国的基督教徒也有交往。例如 1940 年印尼雅加达兴化籍华

---

① 杨力、叶小敦：《东南亚的福建人》，福建人民出版社，1993 年版第 63 页。
② Kong Yuanzhi, *Silang Budaya Tiong kokln donesia*, Jakarta, PT Bhuana Ilmu Populer, 2005, pp.373—388.

侨姚焕德回乡，请基督教牧师萧司提及执事赴印尼布道。姚氏在当地捐建教堂，成立了雅加达本会，萧氏又到万隆、泗水等地布道立会。1949 年福州基督教会牧师陈马利亚先后到印尼坤甸、马辰成立本会。萧司提则到文登、梭罗、沙扣帝加（疑是沙拉笛加——引者注）等地建立本会。[①]

下面我们着重介绍一下两国在伊斯兰教方面的交流。

多数学者认为，早在唐永徽二年（651），伊斯兰教就传入中国。伊斯兰教传入中国的路线分海路与陆路两条。其中海路是从波斯湾、阿拉伯海出发，经孟加拉湾，过马六甲海峡，至中国南海，到达广州、泉州、杭州、扬州等地。中国东南及沿海各省的伊斯兰教是由海路传入的。既然阿拉伯穆斯林从海路抵中国东南沿海必经马六甲海峡，印尼的苏门答腊岛位于该海峡的一侧，而 7 世纪的室利佛逝又与来华通商的阿拉伯穆斯林商人有密切关系，因而不难理解，为什么 1956 年中国伊斯兰教协会领导人哈吉·达浦生率领中国印尼友好协会代表团访问印尼时指出，印尼是中国南方伊斯兰教传入的渠道之一。对此，1956 年 8 月 10 日印尼《新报》做了特别报道。

伊斯兰教传入印尼的时间，一般学者认为是在 13 世纪下半叶，它是由印度西部的胡荼辣（Gujarat）和波斯商人作媒介的。[②] 另有学者认为，7—8 世纪就有阿拉伯商人来到苏门答腊北部，边经

---

① 杨力、叶小敦：《东南亚的福建人》，福建人民出版社，1993 年版第 63 页。

② Hasan Shadily, *Ensiklopedi Indonesia*, Jakarta, 1989, p.1501.

阿卜杜拉赫曼·哇希德

商边传播伊斯兰教。[①] 也有人称，印尼的伊斯兰教最早是从中国传入的。例如印尼伊斯兰教士联合会主席阿卜杜拉赫曼·哇希德在 1997 年 9 月 14 日的《共和报》上撰文，称伊斯兰教首先是由中国穆斯林传入印尼群岛的。本书不探讨伊斯兰教何时传入印尼。但是在 13 世纪之前，印尼就有华人穆斯林，乃是有历史根据的。早在 9 世纪下半叶黄巢起义军攻占广州后，广州一带的华人穆斯林以及人数众多的阿拉伯和波斯商人，纷纷移居印尼三佛齐的巨港。[②] 印尼学者也提到黄巢起义造成中国南部沿海的许多穆斯林逃往南洋。[③]11 世纪后，印度胡荼辣的穆斯林商人在爪哇某些港口经商和传播伊斯兰教。结果，不仅爪哇人，在那里的一些中国商人也纷纷皈依

---

① "Agama Islam Tersebar Ke Kepulauan Asia Tenggara Semasa Abad Ke-I Tarikh Islam", Harian Kompas, Indonesia（28 September 1980）.

② 李长傅：《中国殖民史》，商务印书馆，1937 年版第 60 页。

③ Departemen Pendidikan dan Kebudayaan Indonesia, *Sejarah Nasional Indonesia*, 1976, p.109.

伊斯兰教。①元世祖至元十八年（1281），中国曾派遣两名穆斯林使臣出使苏门答腊岛的木剌由国（Melayu，今占卑），这两名使臣分别为速剌蛮（Sulaiman）和苫思丁（Shamsuddin）。②

15世纪马欢撰《瀛涯胜览》"爪哇"条载：满者伯夷（这里指莫佐克托，Mojokerto，俗称惹班——引者注）"国有三等人，一等回回人……一等唐人，皆是广东漳泉等处人窜居此地，食用亦美洁，多有从回回教门受戒持斋者"。这说明在郑和抵爪哇前，那里已有一些华人穆斯林。这与元代大量移民至南洋有关。《异域志》载，元代泉州与爪哇杜板（新村）之间，每月有定期船舶往还。一些中国人流寓爪哇。汪大渊《岛夷志略》载，13世纪末元兵征爪哇期间，有部分

明钞本·马欢：《瀛涯胜览》

---

① 转引自陈里特：《中国海外移民史》，中华书局，1946年版第6页。

② 《元史·世祖本纪》；参见柯特斯《东南亚印度化国家》（G.Coedes. The Indianized States of Southeast Asia），转引自廖大珂《郑和下西洋与伊斯兰教在东南亚的传播》，载南京郑和研究会编：《走向海洋的中国人》，海潮出版社，1996年版第252页。

兵卒留居该岛，所谓"唐人与番人丛杂而居之"矣。元代正是伊斯兰教在中国的传播进入兴盛时期，元兵中有不少穆斯林。

1405 年，明朝使者郑和第一次下西洋，其后不久，爪哇、苏门答腊等国来华使臣中不少是穆斯林。据《明实录》载，永乐十一年（1413）至正统三年（1438）25 年间，仅爪哇国来华使节中穆斯林就有亚烈·沙麻耶、亚烈·添祜、亚烈·黄扶信、亚烈·张佛那马、亚烈·须里蛮（Ali sulaiman）、亚烈·张显文、亚烈·八句、亚烈·麻抹（Ali Muhmud）、亚烈·来哲（Ali Koua）、亚烈·麻吽（Ali Mahmud）、亚烈·马用良等人。[①] 爪哇国穆斯林使者来华不仅反映了伊斯兰教在当地的传播已取得一定的进展，穆斯林已参与国家事务，而且是中国、印尼穆斯林交往中的一件大事。

郑和七下西洋期间（1405—1433），每次都访问印尼群岛。据报道，郑和在爪哇等地积极传播伊斯兰教，同时也促进了

位于马六甲市的郑和塑像

---

① 廖大珂：《郑和下西洋与伊斯兰教在东南亚的传播》，载南京郑和研究会编：《走向海洋的中国人》，海潮出版社，1996 年版第 256 页。

当地华人穆斯林社区的发展。印尼学者巴林桐安指出，在郑和船队的影响下，"1411—1416年间，马来半岛、爪哇和菲律宾先后建立了华人穆斯林社区。在爪哇岛的雅加达、井里汶、拉泽姆、杜板、锦石、乔拉丹和惹班等地纷纷建立了清真寺"。① 李炯才也写道："1430年，三宝太监已经成功地在爪哇奠下宣扬回教的基础。"

斯拉默特穆里亚纳《印度尼西亚印度教爪哇王国的衰落和伊斯兰王国的兴起》一书称，1407年郑和先后在（苏门答腊）巨港和加里曼丹三发建立华人穆斯林社区，以哈乃斐学派的教义传播伊斯兰教。他还与马欢、费信常去三宝垄清真寺祈祷。②

费信画像

新加坡学者陈育崧也指出，在郑和的大力扶持下，这个时期的中国移民多信伊斯兰教，并在旧港（即巨港）、锦石等地建立穆斯林社区，接着向当地居民传播伊

---

① Parlindungan, Mangaraja Onggang, *Tuanku Rao*, Penerbit Tanjung Harapan Jakarata, 1964, p.653.
② Slametmuliana, *Runtuhnya Kerajaan Hindu Jawa dan Timbulnya Negara-Negara Islam di Nusantara*, Jakarta, Penerbit Bhratara, 1968, p.70.

斯兰教。① 印尼著名的伊斯兰学者哈姆加曾指出："印尼和马来亚伊斯兰教的发展，是与中国的一名穆斯林有着密切的关系。这位穆斯林就是郑和将军。"②

谈到 14—16 世纪伊斯兰教在爪哇的传播，"就不能忽略九贤的名字，因为他们是爪哇众多的传教士中的佼佼者。爪哇人，尤其是穆斯林，都十分崇敬九贤"。③ 而在九贤中，有的是华人穆斯林，有的有中国血统，他们是贤人阿姆贝尔（即彭瑞和）、吉里（即拉登·巴古）和加蒂（即唐阿茂）等。

华人穆斯林拉登·巴达（即陈文）推翻了崇奉佛教的满者伯夷王朝，在淡目建立了爪哇岛上第一个伊斯兰教王国。该国在爪哇岛以及加里曼丹等岛屿的伊斯兰教化进程中起了重要的作用。

18 世纪末，曾游历爪哇的王大海在《海岛逸志》中记载了当地有中国血统的穆斯林的情况。他写道："华人有数世不回中华者，遂隔绝圣教，语番语，衣番衣，读番书，不屑为爪亚（指爪哇——引者注），而自号曰息览，奉回教，不食猪犬，其制度与爪亚无异。"王氏所述的息览人（Orang Selam），究竟是印尼化和伊斯兰化了的华裔（土生华人），还是中国化了的爪哇穆斯林，都不排除中国人与爪哇人通婚的结果。正如甫榕·沙勒所指出的，印尼早期

---

① 陈育崧：《明代中国移民和东南亚回化的关系》，载《南洋学报》第30卷第 1、2 期。

② Hamka，Buya，"Cheng Ho-Laksamana Muslimyang Pernah Mengunjungi Indonesia"，Majalah *Star Weekly*（8 Maret 1961）.

③ Halim，"Wali Sanga Islam di Jawa"，Harian *Utusan Malaysia*（9 November 1980）.

1849 年《海岛逸志》里的爪哇地图

的华人穆斯林与当地居民的混血程度非常广泛。①

华人穆斯林还出版有关伊斯兰教的著作。其中陈应顺（Tan Ing Soen）曾撰写了《神秘派纲要》（*Serat Tasawoef*），旨在传播伊斯兰教，1853 年在泗水出版。1921 年由陈群瑞（Tan Khoen Swie）在谏义里重版的《灼知诗》（120 节）和《劝导诗》（105 节），内容与东爪哇一位姓韩的华人穆斯林后裔——金玛斯有关。金玛斯（1834—1896）悉心传教，其坟茔为东爪哇著名的圣墓之一。1924 年陈群瑞还出版了《爪哇伊斯兰九贤史纲》（*Serat Walisanga*）。② 此外，1913 年和 1914 年华人穆斯林许清民（Kho Theng Bien）和哈吉·古斯塔长老在巴达维亚（即雅加达）先后出版了《伊斯兰联盟之诗》和《永恒的遗产》。

---

① ［印尼］甫榕·沙勒：《在荷兰东印度公司成立前居住在印度尼西亚的中国人》，载《南洋问题资料译丛》1957 年第 2 期，第 87 页。

② Soewano, Moch. Hari, "Bantuan Orang-Orang Tionghoa dalam Sejarah Islam", Harian Merdeka（17 Pebruari 1984）.

　　1950 年中国印尼建交后，两国宗教人士频繁来往。这里特别应该提到的是，2004 年 12 月印尼前总统、著名伊斯兰教长老瓦希德率领多元宗教代表团对华进行友好访问。代表团中有印尼宗教部高级官员，伊斯兰教、天主教、基督教、佛教和道教等人士。访华期间，瓦希德长老多次强调，要向中国学习如何巩固多元宗教和谐之道，希望与中方加强往来，相互学习和合作，共促世界和平。[①]

① 印度尼西亚《千岛日报》，2004 年 12 月 28 日。

第二章　语言和文学

语言

印尼在公文中使用汉文，至少可追溯到中国南朝。《宋书·呵罗单国传》载，宋元嘉七年（430），印尼的呵罗单（据冯承钧考证，大概位于苏门答腊的 Karitan）国王毗沙跋摩遣使来华。公元433 年又派使者带了一封用汉文写的国书给中国政府。这封国书是中国、印尼邦交最古的公文。《宋史·三佛齐传》称，三佛齐"国中文字用梵书，以其王指环为印，亦有中国文字，上表章即用焉"。《宋史·阇婆（爪哇）国》记录了若干印尼语（有的是爪哇语等部族语言）："方言谓真主（珍珠——引者注）为没爹暇罗（mutiara），谓牙（指象牙——引者注）为家啰（Kara），谓香为昆炖卢林（Kuntun-lu-lin），谓犀为低密（timi）"。《宋史》还称，元丰五年（1082），"广州南蕃纲首以其主管国事国王之女唐字书，寄龙脑及布与提举市舶孙迥……"，该书即当年室利佛逝王国公主用汉文写给广州提举市舶孙迥的一封信。

中国史籍上关于马来语和爪哇语等记载，是中国印尼语言交流以及印尼语发展史上的珍贵文献。公元 7 世纪，中国高僧义净著作中多次提到苏门答腊岛上的昆仑语。那时中国僧人正通过昆仑语学习用梵文写的佛经的。义净的这一记载引起许多国家学者的重视。据研究，昆仑语是当年室利佛逝一带流行的古马来语。[①]

15 世纪马欢《瀛涯胜览》"爪哇国"条中记载了爪哇语"有文法""甚美软"。该书"苏门答剌国"条称当时亚齐"言语书记……与满剌加国相同"，即指中期马来语。满剌加今作马六甲。

明代罗日絅撰写的《咸宾录》（1580 年写成，1591 年刊行）"满剌加"条云，"其（指马来语）译语：呼天为安剌（Allah）。

《咸宾录》书影

---

① Kong Yuanzhi, "Bahasa Kunlun Dalam Sejarah Perkembangan Bahasa Melayu", Kuala Lumpur, Jurnal Dewan Bahasa（February 1990）.

地为布迷（Bumi）。日为哈利（Hari，指 Matahari）。月为补蓝（Bulan）"。1820 年成书的《海录》（谢清高口述，杨炳南笔录）卷中"新当"条记载了加里曼丹的马来语方言："……自称曰 sahya，头曰 kapala，手曰 tangan，足曰 kaki，眼曰 mata，耳曰 kuping，一为 satu，二为 duwa，三为 tiga……食为 makan，酒为 anggor，菜曰 sayur，米曰 bras，谷曰 padi，银曰 perak，金曰 mas，铜曰 tombaga，铁曰 besi。"

在谈到中国与印尼在语言方面的交流时，许多学者都肯定了"华人马来语"（Melayu Tionghoa）在印尼语形成过程中所做的贡献。我们知道，印尼语是在马来语的基础上形成的。所谓"华人马来语"，是指 19 世纪末形成的巴达维亚（今雅加达）马来语，它是马来语或印尼语的一个分支，主要使用者是当地的土生华人。但印尼土著或其他种族集团也懂得和使用它。1945 年印尼独立后，印尼语被定为国语，"华人马来语"才消失。"华人马来语"属于所谓的"低级马来语"或"市场语"。两者的区别在于，"华人马来语"中有大量汉语借词，另外在某些拼音和风格上也稍有所不同。[①] 荷兰殖民当局及其御用学者竭力贬低"华人马来语"，称它们是"杂菜语"或"凉拌菜语"。他们把不同母语的印尼各部族交际使用的马来语称作"低级马来语"，把他们通过御用的"图书出版局"介绍的、规定为正式场合使用和学校传授的苏门答腊马来语称为"高级马来语"。但是许多学者对"华人马来语"

---

① Toer，Pramoedya Ananta， "Hoa Kiau di Indonesia"，Jakarta，Penerbit Garba Budaya，1998，p.202.

做了公正和客观的评价。例如印尼著名的语言学家和文学家达梯尔曾在 1934 年 10 月《华人马来语的地位》一文中，驳斥了巴拉达·哈拉哈卜贬低"华人马来语"的观点。他说，"我深信，正如世界上的其他语言一样，哪怕是最崇高和最神圣的感情都可以用华人马来语表达出来"。他指出"华人马来语"是"印度尼西亚语的一个分支"。[①] 抛开这个术语的定名问题，"华人马来语"用于 19 世纪至 20 世纪初的大量刊物，它丰富了马来语，为印尼语的形成做出了贡献，这是客观的史实。

西方著名的语言学家萨丕尔在论述语言之间的相互影响时写道："语言，像文化一样，很少是自给自足的。交际的需要使说一种语言的人和说邻近语言的或文化上占优势的语言的人发生直接或间接的接触。"[②] 汉语有悠久的历史，丰富的词汇，但汉语绝不是"自给自足的"或封闭的语言。它吸收了许多外来语的词汇。

萨丕尔

---

① Alisjahbana, Sutan Takdir, Dari Perjugangan, Dan Pertumbuhan Bahasa Indonesia, Jakana, P.T.Pustaka Rakyat, 1957, p.57.

② ［美］萨丕尔：《语言论：言语研究导论》中译本，商务印书馆，1964 年版第 120 页。

汉语中同样有马来语借词，据笔者统计，至少有 233 个。[①] 而马来语中的汉语借词则至少有 1046 个。Kong Yuanzhi，[②] 汉语的马来语借词没有马来语中汉语借词那么多，主要原因是，与历史上大批中国人移居印度尼西亚群岛和马来半岛相比，马来人和印度尼西亚人来中国定居或经商的，相对来说数量很少。然而它毕竟反映了两个民族语言交流和影响的一个侧面。

表 2　印尼语、马来语中汉语方言借词统计

方言	数量/个	比例/%
潮州方言借词	3	0.3
广府（广州）方言借词	952	91
闽南方言借词	8	0.8
客家方言借词	8	0.8
同为广府方言和客家方言借词	4	0.3
尚未确定的汉语方言借词	71	6.8
总数	1046	100

① Kong Yuanzhi, "Kata Pinjaman Bahasa Melayu dalam Bahasa Cina：Suatu Studi Permulaan", Kuala Lumpur, Jurnal Dewan Bahasa（July 1992）.
② "Kata Pinjaman Bahasa Cinadalam Bahasa Melayu", Kuala Lumpur, *Jurnal Dewan Bahasa*（Ogos-September 1993）.

从词义上看，上述汉语借词可分为 11 类：

1. 蔬菜、水果、饮食类：如 kucai（韭菜）、lengkeng（龙眼）、teh（茶）、tahu（豆腐）；

2. 日用品类：如 bakiak（木屐）、sempoa（算盘）、gin（锦）、kimka（锦缎）、lokcuan（罗绢）；

3. 风俗习惯类：如 capgomeh 元宵节，cengbeng 清明节，pecun 端午节；

4. 亲属称呼类：如 engkim 舅母，engso 嫂子；

5. 数量类：如 ji 二，go 五，cun 寸，hun 分；

6. 建筑、场所类：如 lankan 栏杆，loteng 楼顶，kongkoan 公馆；

7. 游戏、赌博、迷信活动类：如 congki 象棋，paikau 牌九，pakpui 卜卦；

8. 人物名称类：如 Hoakiao 华侨，tauke 老板，singke 新客，singse 先生（多指中医）；

9. 地名、国名类：如 Tiongkok 中国，Tongsan 唐山（华侨对祖国一种习惯的称呼）；

10. 航运类：如：sampan 舢板，cunya（cunia，cunza）一种小船，ciang 桨，cincu 船主；

11. 其他类：如 lihai 厉害，tiap（一）帖（药），（租房的）顶费，kongsi 公司。

还应该指出的是，这些汉语借词中约 80% 是日常生活中具体事物的名称，由此可反映出华侨和平经商的特点。

汉语（主要是闽南方言、客家方言）中的马来语（或印尼语）借词大致可分为以下几类：

1. 饮食类：如加多加多（gado-gado，印尼一种凉拌菜），沙地（sate，烤肉串），红杌（anggur，葡萄酒）；

2. 农产品类：如杜果（duku，又译榴茹），榴梿（durian），西里（sirih，蒌叶或蒟酱）；

3. 文娱类：如昂格隆（angklung，印尼一种竹制乐器），佳美兰（gamelan，印尼的一种乐器）；

4. 称呼类：如素丹（sultan，国王）、达图（datuk，又译拿督或拉督，是一种封号）；

5. 日用品类：如峇泽（batik，印染花布）、布拉朱（belacu，一种粗白布）；

6. 地区类：如甘光（kampung，又译甘榜或甘邦，指村子，郊区）、巴力（parit，矿区）；

7. 工商类：如亚弄（warung，小店铺）、巴刹（pasar，市场，集市）；

8. 动作类：如马干（makan，吃）、礁兰（telan，吞），意洞（hitung，算）；

9. 其他：如格里斯（keris，波刃短剑）、挂沙（puasa，斋戒）。

早在唐朝颜师古（581—645）时代，汉语中就出现了马来

颜师古画像

东汉班固画像

语借词"宾根"（槟榔，来自马来语 Pinang）。在东汉班固（32—92）撰的《汉书·司马相如〈上林赋〉》出现"仁频"这个词。宋朝姚宽在《西溪丛话》中引用了《仙药录》中的话："槟榔一名仁频"。"仁频"是爪哇语中 jambe 的对音。可见爪哇语在汉语中的借词在公元 1 世纪班固生活的时期就存在了。另外《宋史》中的"家底"和明朝的《瀛涯胜览》中的"沙孤"，分别为马来语 kati（斤）和 sagu（西谷、沙糊或硕莪）对音词。

辞书是促进语言交流的重要工具。1878 年在巴达维亚出版的《通语津梁》是印尼华人编纂的第一部马来语汉语词典。作者林采达（Lim Tjay Tat）"闽之桃源人"，后移居巴达维亚。《通语津梁》上下两卷，收入词汇约 1500 个。《通语津梁》也是研究 19 世纪下半叶印尼华人情况和马来混合语（包括"华人马来语"）的珍贵资料。据笔者统计，1878—2004 年，印尼语与汉语的双语词典和印尼语、汉语和英语三语词典在印尼、中国和新加坡共出版了 25 部。[①] 其中李毓恺编的《印尼中华大辞典》自 1933 年初版后连续印了 9 版。2005 年雅加达还出版了许友年主编的《印度尼西亚—华语谚语词典》。

文学

中国文学历史久远，丰富多彩，它对隔海相望的印尼也有影响。中国古代文学对马来民歌的影响就是一个很好的例子。马来民歌是印尼、马来西亚和新加坡文化遗产中一个重要组成部分。有学者指出，马来民歌深受中国民歌传统的影响。他举了两个有力的论据：[②]

一是汉代刘向著《说苑》卷十一的《善说篇》中讲的一个故事，即后来译成楚语的《越人歌》。据日本学者泉井久之助的研究，《越人歌》的原文，只有借助南亚语系的孟—高棉语族的占语

刘向画像

---

① Kong Yuanzhi, *Silang Budaya Tiongkok Indonesia*, Jakarta, PT Bhuana Ilmu Populer, 2005, pp.291—293.
② 许友年《论马来民歌》，福建人民出版社，1983 年版第 140 ~ 156 页。

和马来—玻里尼西亚语系的古马来语和古印度尼西亚语等才能读懂。

二是 1927 年 1 月雅加达荷文刊物《中国》杂志第一期上刊载的一组马来板顿（马来民歌），经仔细对照，发现它肯定是《诗经·召南·摽有梅》的英语本转译过去的。英国研究马来文学的权威温斯泰德曾指出：马来板顿是受中国《诗经》的影响而定型的。

土生华人马来语文学是中国、印尼文化交流的重要组成部分。19 世纪末以前，大批中国人尚未移居印尼，数代生活在印尼的土生华人已不会或不谙汉语。他们经济上有实力，对精神食粮有强烈的需求。尤其在 19 世纪末、20 世纪初中国与整个亚洲民族主义运动的影响下，印尼华人用马来语翻译和创作的文学作品的涌现，如雨后春笋。其特点为：

一是数量庞大：据苏尔梦的统计，在 19 世纪 70 年代至 20 世纪 60 年代，印尼华人作家、翻译家有 806 人，其创作和翻译的作品有 2757 部，另有无名氏作品 248 部，总数达 3005 部（包括重印本）。创作作品中有剧本 73 部，诗歌 183 篇（部），创作小说和故事 1398 篇（部）。中国作品翻译有 759 部。而这一时期翻译西方的作品，只有 233 部。[①] 这一时期的华人马来语文学作品的数量为同期土著文学作品的两倍。

二是时逾百年。早在 1859 年谏义里华人丁旺（TigOng）就

---

① Salmon，Cl.，*Sastra Cina Peranakan dalam Bahasa Melayu*，Jakarata，PN Balai Pustaka，1985，p.20 & 224.

将中国史译成爪哇语。爪哇语译本《李世民》是在 1859 年出版的。1871 年巴达维亚出版了华人《暹罗国王访巴达维亚之诗》。最早译成马来语的中国小说并在印尼出版的是《海瑞小红袍全传》（1882）。最早用华人马来语创作的小说是吴炳良的《罗分贵》和张振文的《黄西的故事》，两者直接取材于当地的社会新闻，于 1903 年问世。过去许多西方和印尼学者将 20 世纪 20 年代作为"印尼新文学"的开创期，这是以图书出版局出版的麦拉里·西雷格尔的《多灾多难》（1920）和马拉·鲁斯里的《西蒂努儿巴雅》（1922）为标志的。[①] 显然，华人的马来语文学翻译和创作比土著"印尼新文学"的产生早 20 年至半个世纪。1945 年 8 月 17 日印尼独立，宪法规定印尼语为国语，"华人马来语"及马来语文学完成了它的历史使命。华人马来语文学代之以华人印尼语文学，后者是整个印尼民族共有的印尼语文学的组成部分。

三是内容丰富。如果说 19 世纪到 20 世纪初是华人马来语文学的初创时期，那么 20 世纪 20 年代至 40 年代初则是华人马来语文学的成长和繁荣时期。华人马来语文学作品除上面提到的反对封建强迫婚姻的《罗分贵》和《黄西的故事》外，还涉及社会的一些重大问题，例如 1924 年赵雨水的历史小说《彼德·埃尔伯菲尔德》，故事发生在巴达维亚建城 100 周年（1721）之际，主人公是一位发动起义反抗荷兰东印度公司的英雄。对于上述印尼民族解放运动史上的伟大历史事件，当时的印尼土著文学作品几乎

---

① Usman, Zuber, *Kesusasteraan Baru Indonesia*, Jakarta, Penerbit Gunung Agung, 1964, p.34.

没有加以反映。

　　四是深受欢迎。例如《三国演义》，它是 1859 年以爪哇诗歌形式译成。其中一部分后来在《马来号角报》连载。1883 年，《三国演义》又被译成马来语出版。正如甫榕·沙勒在《印度尼西亚华裔公民对印度尼西亚现代文化发展的贡献》一文中所说："印尼华人马来语文学作品中有一批从中国古代文学作品改编或翻译过来的，其中尤以武侠题材的最受欢迎，有几篇极为印度尼西亚人所熟悉，并且已成为全体人民的共同财富。例如《梁山伯与祝英台》在巴厘已经成了民间故事。由华人马来语改编

金陵万卷楼刊本（1591 年）桃园三结义绣像

的故事中最出名的是《三国演义》。假如认为上述文学作品的对象只是华裔,那就大错特错了,因为实际上其他种族的人们也很喜欢它。"

五是对印尼土著的文学创作产生积极的影响。以武侠小说为例,廖建裕在《印尼武侠小说概论》一文中谈到华人印尼文版武侠小说时,说它"也刺激了印尼土著武侠小说的产生"。"爪哇通俗作家明达尔查也深受这种中国武侠小说的影响,但是他的小说是以爪哇历史为背景。"

从历史上看,华人马来语的文学作品丰富了印尼现代文学;大量使用马来混合语,加速了印尼语的形成;介绍了大批中国和西方的文学作品,推动了印尼与中国、西方间的文化交流。

印尼华人在用马来语创作的同时还用汉语进行文学创作,后者常被称作华文文学。印尼华文文学的描写离不开印尼的社会,在一定意义上,它也有利于中印尼两民族的相互了解和文化交流。

中国印尼在文学上的交流还表现在现代文学作品的互译上。据笔者初步统计,中华人民共和国成立后50年(1949—1999)间,至少已翻译出版印尼文学作品36部,其中长篇小说7部,中短篇小说集4部,诗集4部,剧本4部,民间故事和民歌集7部。[1]

与此同时,北京外文出版社还陆续将一些中国文学作品译成

---

[1] 参见孔远志:《中国与印度尼西亚文化交流》,北京大学出版社,1999年版第95~98页。

印尼文，介绍给印尼读者，如《高玉宝的童年》（1955）、《少年先锋队的故事》（1955）、《王贵与李香香》（1956）、《白毛女》（1958）、《我是劳动人民的儿子》（原名《把一切献给党》）（1959），等等。

印尼学者也翻译了若干中国古诗和现代文学作品。如蒙丁萨里的《中华诗集》（1949），将《诗经》上以及李白、杜甫、苏东坡等诗人的41首古诗介绍给印尼人民。勃勃·富依克等人合译

元代赵孟頫绘苏东坡

的《中国小说集》（1953），介绍了鲁迅、巴金、郭沫若、老舍、沈从文、丁玲等11篇短篇小说。此外还有鲁迅的《阿Q正传》（1956）、杨沫的《青春之歌》（1960）、高缨的《达吉和她的父亲》（1962）和阿密尔·哈姆扎等翻译的《杜甫》诗选（1963）。为庆祝中华人民共和国成立15周年，雅加达翡翠文化基金会出版了丹宁翻译的《毛泽东诗选》（1964），共24首。1990年印尼火炬基金会和普及出版社又分别出版《山伯、英台》和《西游记》译述本。2005年印尼出版了当地学者撰写的《三保》和《郑和将军与三宝公庙》等专著以纪念郑和下西洋600周年，并出版了北京大学梁立基翻译的《唐诗一百首》。

郭沫若　　　　　　　　老舍　　　　　　　　丁玲

巴金

鲁迅

第三章
音乐、舞蹈和建筑

音乐和舞蹈

中国、印尼两国人民都能歌善舞，他们在音乐、舞蹈领域的交流也有悠久的历史。《新唐书·南蛮列传》"室利佛逝"条载："室利佛逝，一曰尸利佛誓。……咸亨（670—674）至开元（713—741）间，数遣使者朝……又献侏儒、僧祇女各二及歌舞……"

《咸宾录》"爪哇"条载："咸通（860—874）中，献女乐。"这表明至少在9世纪，印尼音乐中的"女乐"已传入中国。《新唐书·南蛮列传》"诃陵"条亦载："咸通（860—874）中，遣使献女乐。"据许多中外学者考证，诃陵位于今中爪哇。

1225年成书的《诸蕃志》"阇婆国"条称爪哇"乐有横笛、鼓板、亦能舞"；1617年付梓的《东西洋考》卷三"下港"条载，爪哇岛西部的巽他"乐有横笛、鼓板、自为夷舞，谚所谓'大平阇婆之征'也"。

公元 8 世纪的爪哇浮雕，出现了最早的关于音乐演奏的浮雕

　　1849 年的《海岛逸志》介绍了印尼的浓迎（又译为"弄庚"，即 Ronggeng）舞、面具舞（多秉，即 Topeng）和皮影戏（译为"花英"，即 Wayang 或 Wayang Kulit）。书中写道："番戏名曰浓迎。番妇之颇有色者，带虬发（指鬈曲的头发），缠锦幔，插金花，摇纸莲（指纸扇），裸衣赤脚，歌番歌，舞番舞，摇头闪目，鹤立鹭行，演唱杂剧……或两妇对舞，或三四妇共跳舞。闲人亦可入其中，与之对舞，名曰弄浓迎。弄毕则酬以金。每于清夜远远听之，其音凄切悲楚，所谓异乡之乐，只令人悲耳。"该书描述面具舞时称："有带鬼脸者名曰多秉，其演唱略同浓迎……"在介绍皮影戏时，王大海在《海岛逸志》中还写道："又有花英者，类

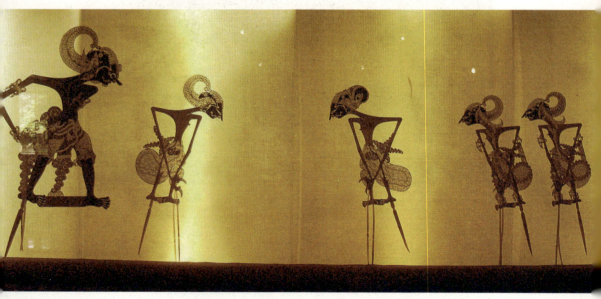

印度尼西亚皮影戏

影戏，俗呼皮猴，名曰花英。所演唱皆其爪亚（指爪哇）上古故事，未全人形，或飞或遁……"

史籍所载印尼歌舞的传入或惟妙惟肖的介绍，都有益于中国乐苑舞坛的兴旺和发展。

中国的音乐、舞蹈也给印尼一定的影响。例如，印尼的大小铜锣、二胡、月琴、秦琴、铙钹、钲、笛子等，都是从中国传入的。[1]

爪哇和巴厘的佳美兰是十分有名的。佳美兰以打击乐器为主使用斯仑特罗（五声音阶）和培罗格（七声音阶）。有学者称，斯仑特罗很可能起源于中国音乐的五音（宫、商、角、徵、羽）。[2]

佳美兰乐器

---

[1] Yzerdraat, Bernard, dan Sukendro Sosrosuwarno, Bentara Senisuara Indonesia, Jakarta：Groningen, 1954, p.32, 57；梁友兰：《中国文化一瞥》，转引自周南京：《历史上中国和印度尼西亚的文化交流》，载周一良主编：《中外文化交流史》，河南人民出版社，1987年版。

[2] Sudarto, "Mengenal Gamelan Jawa", *Majalah Pantjawarna*, No.157.

　　巴厘岛印尼艺术学院院长玛特·班德姆撰文章写道，人们认为当今爪哇和巴厘佳木兰乐器源自古代云南的铜鼓。印尼各地的铜匠将这种铜鼓改造成多种类型的佳木兰铜制乐器。[①]

云南铜鼓，藏于云南省博物馆

① Bandem, I Made, Cina Terapkan Model Pelestarian Seni Tradisional Indoneisa, Jakarta：*Harian Suara Pembaruan*（2 Juni 1994）.

甘邦克罗蒙（Gambang Keromong）起初为雅加达的一种传统音乐。《印度尼西亚百科全书》指出，它是"爪哇音乐与中国音乐结合的产物"。17世纪起，在巴达维亚居民中有爪哇人、巴厘人和华人等，多种文化的交流形成了一种名叫甘邦（Gambang）的音乐。它由爪哇佳美兰音乐中的木琴，与中国的扬琴、二胡、月琴、笛子和铜锣等组成。1992年12月29日《印度尼西亚日报》有一篇题为《老椰城民间艺术种种》的文章，称甘邦克罗蒙音乐中有好多中国小调。

一种佳美兰拨弦乐器

在中国、印度尼西亚歌曲结合方面，苏拉威西岛的乌戎潘当（即望加锡）歌坛是个生动的例子。1958 年 5 月印尼《五彩》杂志以"中国节奏的望加锡歌曲深入民间"为题，详尽地报道了这一事实。文中说，乌戎潘当脍炙人口的歌曲《登当，登当》《皇帝的心》《赛龙》和《点灯》（又名《八仙宴》）等的节奏无疑取自中国音乐。印尼米娜哇蒂博士称，乌戎潘当的民歌受中国音乐的影响。当这些民歌用中国的笛子、鼓和胡琴演奏时，其中国音乐特色更明显可见。她认为，乌戎潘当的音乐更近于中国的五音阶（斯仑特罗）音乐，而爪哇音乐则更近于印度的七音阶（培罗格）音乐。[①]

在当代，最早在中国流行的印尼歌曲之一是悠扬悦耳的《梭罗河》。该首歌的作曲者格桑在 1963 年访华期间，曾指导中国青年演奏这一乐曲。深受中国人民的喜爱的印尼现代歌曲有：反映印尼人民反抗殖民统治争取民族独立的战歌，如《哈罗，哈罗，万隆》；歌颂祖国、民族和大好河山的歌曲，如《梭罗河》；描绘热爱劳动和生活情趣的歌曲，如《在收割的季节里》；怀念故乡和亲友的抒情歌曲，如《美丽的安汶城》；表达真挚爱情的歌曲，如《星星索》。这些印尼歌曲在中国已脍炙人口，广为流传。1958 年人民音乐出版社出版的《印度尼西亚歌曲集》，深受欢迎，一版再版，至 1964 年，总印数已近 30 万册。

中国、印尼在舞蹈方面的交流，最突出的例子无疑是狮舞（Barongsai）和佐克（Cokek）舞。最新出版的权威性的《印尼语

---

① *Harian Sinar Harapan*，9 Oktober（1975）.

大词典》解释道，这是（印尼）华人通常在农历新年表演的一种舞蹈。杜尔在《华侨在印度尼西亚》一书中谈到中爪哇和东爪哇由人舞动的假兽（Barongan），"即使它的身躯颇短，没有形成蛇状，但显而易见，它和中国的舞狮是相同的"。"世世代代，这种假兽舞已成为人们喜庆时的娱乐活动"。周南京在《Barongan 与狮子舞》一文中写道，在印尼，barongan 的存在在先，狮舞从中国输入在后，随之才有 barongan Cina 或 barongsai（中国怪兽舞或假兽舞，即狮舞）等爪哇语名称。该学者的考证说明，在某一时期，中国的狮舞对爪哇的假兽舞是有影响的。

比赛中的狮舞

  佐克舞是巴达维亚华人创造的一种舞蹈，类似西方的交谊舞。赫温·苏玛达《芝沙达奈①的历史》一文称，佐克舞与甘邦克罗蒙音乐是中国与印尼两国艺术的结合。在若干乐器中，长竹笛、二弦（可能指二胡）和单弦肯定源自中国。②

  中国、印尼两国的舞蹈都属东方舞蹈，有不少共同点。印尼华人黄素封写道，巨港舞"服饰极华丽，舞者绣金盘花之纱笼……如我国清代妇女之绣裙。……舞态极柔雅，上肢运动较下肢为多，恍若我国之古舞"。巴东舞"分男子拳术与女子碟舞二种。男子拳术……最后的二童对打，一持小刀，一空手，彼此相持良久。步法手法极严。争战正急时，赤手童子空手夺刀，颇近直隶山东一带走江湖之拳术。至女子碟舞，似曾与我国凤阳府见者仿佛。舞女双手各执碟，用中指所戴之环击拍，后有男二女五奏幽乐和之"。巴厘舞（Legong）"舞女着绣花龙凤马来式舞衣，戴凤冠，满插香花。舞时多用拳术姿势。按之我国《易筋经》十二势，除最末二势外，几乎全有，海天阔别，而能暗合如此，亦奇矣"。爪哇舞（Wireng）"系古时土王战争之轶事。……其姿势多含我国拳勇之手法及步法"。③

  中国、印尼歌舞团的互访，至少有 70 年的历史。1928 年和 1932 年中国著名音乐家和现代舞蹈家黎锦晖率领的上海明月歌舞

---

① 文登附近的河名。

② Sumarda, Herwin, "Cisadane Riwayatmu Dulu", dari *Buku Acara Peresmian Gedung Sekolah Buddha*（*Karawaci-Tangerang*）（30 Juli 1995），p.34.

③ 黄素封：《科学的南洋》，商务印书馆，1934 年版第 497 ～ 504 页。

团和著名演员徐灿莺等组成的上海梅花歌舞剧团先后访问印尼，受到当地观众的热烈欢迎。两国建交后，双方的歌舞团、杂技团等互访更为频繁。

毛泽东主席与印尼总统苏加诺看出版的《苏加诺总统藏画集》（1956）

建筑

瓦是建筑的重要材料。早在 1172 年（宋乾道八年），苏门答腊岛上的三佛齐国国王就曾写信给宋朝政府请求雇人造瓦运到三佛齐。[①]13 世纪初《诸蕃志》载："打板国（位于中爪哇——引

---

① 刘继宣、束世澂：《中华民族拓殖南洋史》，上海商务印书馆，1935 年版第 35 页。

者注）居民架造屋宇，与中国同。"上述"居民"也许是在打板定居的华侨，说明当时中国的建筑技术和风格有可能已传至爪哇。

　　长期以来，华人在印尼各地所建的各种宗教建筑和住宅，如上文所提到的，其中佛教、道教、儒教和中国民间宗教的寺庙、宫观至少有217座，突出体现了中国的建筑风格，对当地的建筑文化产生一定的影响。这些中国建筑风格的寺庙，红门琉瓦，重檐斗拱，雕梁画栋，龙盘凤翔。气势巍峨，古色古香。它们遍布各岛，给美丽的千岛之国增色添辉。

　　这些寺庙中的楹联和碑铭，又是研究当地华人历史以及华人与土著并肩反抗殖民者和投入经济、文化建设的宝贵资料，是中国、印尼文化交流的历史记录。

　　华人穆斯林在印尼建造或参与建造了不少清真寺。尤努斯·叶海亚写道："华人在雅加达的安卓尔，井里汶的圣蓬，以及拉泽姆、杜板、新村、乔拉丹和惹班建造清真寺。"

印尼泗水郑和清真寺

　　李炯才在《印尼：神话与现实》一书中，谈到三宝垄的三保庙时称：它"类似中国南部回教寺院的风格——它们具备着东方的、宝塔形的建筑，高高的柱子，平坦而平行的屋顶，弯曲的屋檐，高耸的拱，宽阔的厅堂，以及迂回的走廊"。他在对比广州的几座清真寺后又写道："华南回教堂的建筑和设计，跟那些相传为三宝太监所建的回教堂，确有相似之处，但却跟苏门答腊和马来西亚的圆顶回教堂，迥然不同。"

　　印尼华人建造或参与建造的清真寺体现中国宫殿式清真寺的建筑风格。印尼著名的淡目清真寺，建于 15 世纪末，它也采用双檐，和中国南方清真寺的建筑风格一致。爪哇的梭罗、日惹和万丹等地的清真寺都模仿淡目清真寺（少数拱形屋顶的清真寺除外），采用双檐。但它们的上端为宝塔型，类似佛塔，与寺庙屋顶两角攒尖稍有不同。由此可见，"爪哇清真寺体现

淡目清真寺

了中国建筑与爪哇佛塔建筑之结合"。而爪哇古突士清真寺（建
于 16 世纪末）的塔与中国泉州清净寺（即麒麟寺，建于 1009 年）
之塔如出一辙。[①]

中国泉州清净寺

———————
①　Muljana, *Slamet*, *Kuntala*, *Sriwijaya dan Suwarnabhumi*, Jakarta,
Yayasan Idayu, 1981, pp.299—302.

关于民间住宅，李天佑说："1530年巴达维亚已有很多华人盖了美观的楼房。盖房子的工匠是华人。"①法国记者布赖恩·梅写道："荷兰人利用中国技术和中国建筑方法，建设他们的第一座城市巴达维亚。"②

中国建筑对印尼住宅的影响，绝不限于巴达维亚。阿古斯·苏佐第指出，在三宝垄有一些名为"三宝垄式"房舍，其屋顶与中国房舍的屋顶有类似之处。印尼土著居住这种"三宝垄式"的房舍，表明他们对这中国风格的建筑给予应有的评价。

烧砖的窑与建筑密不可分。印尼语中的"lio"（窑）源自闽南方言。这说明印尼建窑制砖的技术与中国有一定的联系。

中国建筑之优美，在17世纪的马来、印尼古典文学《杭·杜亚传》中就有反映。马来民族传奇英雄杭·杜亚在访华时赞叹道："中国建筑极其美观，宫殿用17层汉白石筑成，宫门全是金、铜铸的。"由此可见，中国建筑在千岛之国和马来半岛早负盛名。

杭·杜亚像

① 李天佑：《三宝垄历史》，李学民、陈巽华合译，暨南大学华侨研究所，1984年版第37～39页。
② ［法］布赖恩·梅：《外国记者眼中的印尼》，克勤等译，世界知识出版社，1987年版第313页。

第四章
医学、陶瓷和生产技术

中医和中药

印尼医学界的著名专家亨宾·维加雅古苏玛教授和古苏曼托·塞迪约尼哥罗教授曾分别在《独立报》（1975 年 2 月 2 日）和《希望之光报》（1979 年 12 月 7 日）上撰文，指出中国的医术，尤其是针灸疗法早就传入印尼。他们介绍了两千多年前的中医典籍《内经》，联系道家的阴阳学说，称《内经》正是针灸疗法的理论阐述，阴阳说则是针灸疗法的哲学基础。

两国在医药上的交流也有很长的历史。周南京曾将明代药学家李时珍《本草纲目》开列的药名与《东西洋考》《瀛涯胜览》等古籍对照，发现不少药物来自印尼，如苏木、沉香、丁香、肉豆蔻、犀角、降真香、龙脑香、玳瑁、槟榔、檀香、胡椒、珊瑚、婆婆石（摩挲石）、蓬砂（鹏砂、盆砂）、益智子等。同样，许多中草药传入印尼，成为印尼草药不可缺少的组成部分。例如：大茴（八角，Adhas Cina）、胖大海（Buah Tempayan；Kembang Semangkok 或 Pong Tai Hai）、蕲艾（Daun Sundamala 或 Baree Cina）、中国菎

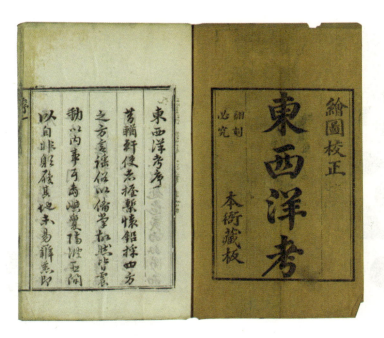

《东西洋考》明万历间刻清初印本

麻子（Jarak Cina；Jarak：Kosta）、佛手（Jeruk Tangan）、菝葜
（Gadung Cina、Obat Raja 或 Gadung Sabrang）、当归（Gan-ti）、
桧叶（Kayu Kasturi）、杜仲（Kayu Rapat）、藏红花（Kumakuma、
saprang 或 Kamkama）、白花菜（Maja Muju）、米仔兰（Pacar
Cina）、茯苓（Sari Tombong 或 Hok Lin）、破铜钱（Semanggi、
Patikan Cina 或 Patikim）、水君子（Wudani 或 Sukun Ciu）、麝

香（Dédés Kalumpang Cina）等。^① 又如中国的药材川芎尤其受
到印尼采椒工人的欢迎，因为它是治头痛的良药。《诸蕃志》"苏
吉丹（爪哇）"条载："采椒之人为辛气熏迫，多患头痛，饵川
芎可愈。"

肉豆蔻

檀香

---

① ［印尼］塞诺·沙斯特罗阿米佐约：《印度尼西亚土草药》，转引自周南京：
《历史上中国和印度尼西亚的文化交流》，载周一良主编：《中外文化交流史》，
河南人民出版社，1987 年版。

玳瑁

苏木花

藏红花

中国医术疗效可以针灸为例。雅加达著名的笈多莽昆古苏摩医院针灸科，曾做了一项统计，1974 年有 2 万名患者接受针灸治疗，完全痊愈者占 30%，病情好转者占 50%，治疗无效者占 20%。[①]亨宾教授指出，针灸有四大优点：一是治疗有效；二是费用低廉（不必用昂贵的药物和医疗器械）；三是操作简便；四是因地制宜，在穷乡僻壤也可使用。

1986 年 2 月 23 日印尼中医协会成立。"中医在印尼社会中享有与西医同等地位一事能得到政府的承认，能日益被印尼人所接受，主要原因是它已经在实践中证明其疗效和功能，治愈了许多

---

①   Harian *Sinar Harapan*（8 Juli 1975）.

西医束手无策的病例。""在印尼的椰城（即雅加达）、万隆、棉兰、泗水等城市，都可看到中医业一派欣欣向荣的景象，中医受到华、印各族人士的重视。"①

陶瓷

中国陶瓷传入印尼年代久远。荷兰考古学家奥赛·德·弗玲尼斯在苏门答腊、爪哇、加里曼丹、巴厘和苏拉威西诸岛都发现中国汉代（公元前206—公元220）的陶器。他在西爪哇的万丹发现祭祀用的汉代陶器，认为有此陶器的坟墓必是死在当地的中国人的墓冢。他推断在两千年前，中国人已漂洋过海踏上印尼群岛，

西爪哇

---

① 香港《华人》月刊，1989年10月。

有可能在万丹定居下来。[①]

另一位荷兰考古学家海涅·赫尔德恩在中苏门答腊克灵齐（Kerinci）古墓的明器中，发现一件底部刻有"初元四年"字样的灰陶三脚鼎，证明它是西汉元帝初元四年（公元前45）的制品。由此他认为公元前1世纪已有中国人抵达苏门答腊。[②]

中国陶瓷传入印尼持续不断。从汉代至清代，几乎每个朝代的中国陶瓷都在印尼发现过。公元3世纪至6世纪中国三国、魏晋、南北朝时期的陶瓷，曾在南苏门答腊、中爪哇沿海地区和巴厘出土。[③]20世纪60年代初笔者参观雅加达博物馆，看到展出的印尼出土的陶瓷中，中国历代陶瓷最多，总数达数百件。其中有中国汉代放尸骨的陶瓮，在南苏门答腊出土；有宋代陶瓷，如西爪哇芝渣仑加发掘出的12世纪的中国青瓷花瓶、中爪哇直葛的浙江龙泉窑系的瓷盘等。

印尼《罗盘报》1980年10月7日报道，在中苏拉威西的东加拉县挖掘出中国10至13世纪的陶器。元代汪大渊至正（1341—1351）年间附贾舶浮海数十国。他在《岛夷志略》中记载了泉州港外销中国陶瓷达海外51个国家和地区的盛况。其中印尼群岛内有苏门答腊岛的日丽、三佛齐、喷喷、旧港（即巨港）、厘卒、

① *Jaarboek van het Koningklijk Bataviasche Genootschap van Kunsten en Wetenschappen*，1936，jilid ketiga，p.209；*Science and Scientist in the Netherlands-Indie*，1945，pp.134—138.

② Gelderen，von Heine，"Prehistoric Research in the Netherlands Indies"，*Science and Scientist in the Netherlands-Indie*，1945，p.147.

③ 耶明：《印度尼西亚各地发现的中国陶瓷器》，汪洋译自耶明：《满者伯夷的国家制度》，载印度尼西亚《火炬报》1965年2月19日。

雅加达博物馆

假里马打、花面、淡洋、喃巫哩，爪哇岛的遐来物、文诞和东淡邈等处。元、明、清的陶瓷曾分别在印尼出土。直至 1980 年在雅加达航海博物馆对面的鱼市场，还挖掘出中国明朝的陶瓷碎片。[1] 印尼学者希尔达娃蒂·西达尔塔指出："在印尼发现中国汉、唐、宋、明、清诸朝代的陶器，意味着长期以来，印尼与中国有贸易往来。"[2]

中国陶瓷传入印尼的地域广、数量多。中国的陶瓷几乎传遍印尼各地。耶明在谈到宋朝的龙泉窑系陶器时写道："这类瓷器在印尼各地都有所发现。"

中国陶瓷传入印尼的数量也很大。最多的是青瓷，其次是青白瓷。荷兰学者凡·莱厄称，中世纪每年有 12 万至 16 万件中国瓷器向印尼出口。荷兰殖民者占据雅加达后，大量输入中国瓷器，把其中一部分运至荷兰，高价出售。1620 年，荷兰东印度公司要求中国输入（印尼）大批瓷器，有碟、盘、杯、碗等共 6.45 万件。[3]

中国陶瓷的传入对印尼社会生活有相当大的影响。流入印尼的中国陶瓷，首先是用于人们的日常生活。明代马欢的《瀛涯胜览》中载，爪哇国"国人最喜中国青花瓷器"。加里曼丹土著居民还用中国的瓷瓮酿酒。他们甚至视中国的瓷瓮为神圣之物，把它用于埋葬遗体。明代张燮的《东西洋考》中载：加里曼丹

---

① "Sejumlah Keramik Kuno Tergali Di Bilangan Pasar Ikan", Harian Kompas （17 Juli 1980）; Harian Kompas（27 November 1980）.

② Sirdawati, Sidharta, "Keramik Sejak Zaman Kuno", Mingguan Tempo（27 Februari 1982）, p.78.

③ Van Leur, J.C., *Indonesian Trade and Society*, *Essays in Asian Social and Economic History*, W.van Hoeve Ltd-The Hague, Bandung 1955, pp.210—221.

文郎马神（指今马辰）人民"初盛食，以焦叶为盘，及通中国，乃渐用磁器，又好市华人磁器，画龙其外，人死贮瓮中以葬"。

其次，把中国陶瓷用作宣传伊斯兰教的工具或与原始信仰联系起来。中国元、明、清时输入印尼的陶瓷中不少具有伊斯兰教色彩。雅加达博物院第 20 柜中有一只白底蓝花碗，底部写着明成化（1465—1487）年制。碗上绘有五圆圈，圈内写着大食文："万物非主，惟有真主。"

最后，中国陶瓷被视作珍贵文物，不仅印尼的博物馆、王宫搜集中国古瓷，个人收藏中国瓷器的也不少，印尼前副总统马利克就是其中的一位。

印度尼西亚雅加达博物馆收藏的中国元代瓷器

随着中国人侨居印尼，中国制作陶瓷的技术也传至印尼。例如上文提到的当地穆斯林宗教活动需要的一些瓷器，有的是移居该地的华人穆斯林运用传统的中国制瓷技术制造的。印尼报刊称，印尼自 9 世纪起就仿造中国陶瓷。[①]

开矿和金属制器

加里曼丹人采矿和金属器皿的制造技术，最初是由华人传授的。钢材则是在 18 世纪以前由中国输入。[②] 印尼的勿里洞以盛产锡矿遐迩闻名。在荷兰殖民统治时期，这里雇用的矿工主要是华人。以 1920 年为例，在勿里洞 2.9 万人的华人居民中，约有 2.4 万人为可就业的男性人口，被锡矿主雇用的就达 2.1 万人。而当年勿里洞土著从事采锡业的只有 1500 人，为华人采锡工的 7%。[③]

杜尔写道，印尼已是世界第二个主要产锡国，产量占世界总量的 20%。如果不说这是华侨努力的成果，也应该说华侨在这方面做出了不小的贡献，因为正是华侨在邦加、勿里洞和辛盖勃（Singkep）的锡矿区做出开拓性的劳动。荷兰殖民者来到这些矿区之前，华侨向当地人民介绍了新的采锡机械和工艺。矿主们很快发现这些新工艺的优越性，便派人到中国若干省份招募中国工

---

① Mingguan *Tempo*（17 Desember 1983），p.4.
② 朱杰勤：《19 世纪加里曼丹华侨及其反抗荷印殖民者的斗争》，载《华侨史论文集》（第 1 辑），暨南大学华侨研究所，1981 年版第 55、64 页。
③ ［英］凯特：《荷属东印度华人的经济地位》，王云翔等译，厦门大学出版社，1988 年版第 194～195 页。

人，以开发勿里洞的锡矿。华侨传入的中国采锡机械，是一种将地下锡矿用水车运至地面，以中国炼锡炉冶炼，因而印尼每年能产几千吨锡。[①]

西方学者甫拉克也记述了印尼开采锡矿与华侨的密切关系。他在《荷印矿产》一书中道："中世纪时，巨港的统治者很快就发觉中国矿工的技术比他们统治下的印尼人的采矿技术优越得多，因而派人到中国南方各省招募中国矿工到邦加开采锡矿。"[②]

邦加岛采锡工人照片

① Toer，Pramoedya Ananta，*Hoa Kiau di Indonesia*，*Jakarta*，*Penerbit Garba Budaya*，1998，p.192.

② Ter Braake，Alex L.: *Mining in the Netherlands East Indies*，1944，p.36.

加里曼丹以盛产金矿和钻石著名。1812 年前后，主要金矿都在开发，由中国人开采的有三十多个。每一个矿地约有苦力 300 人。[①] 杜尔在《华侨在印度尼西亚》一书中称，华侨是西加里曼丹采金、淘金的先驱。

中国的一些金属制造术传入印尼有很长的历史。雅加达博物馆展品中有几个铜鼓，鼓的四周铸有青蛙，昂首而鸣，这些铜鼓与中国南方某些少数民族的青铜鼓相仿。该馆史前展览品说明书称，印尼的青铜制造术是公元前数世纪从中国南部（特别是云南）和印度支那传来的。印尼著名学者穆哈默德·耶明同意上述看法。[②]

犁耕、种植法和渔业

中国的犁耕和种植法也传至印尼群岛。这与不少华人从事农业有关。17 世纪甲必丹蔡焕玉（Tjoa Hoan Giok）在西爪哇大力推广中国犁，至今文登一带的印尼农民还广泛使用上述中国犁（luku Cina）。这种犁入土较浅，特别适用于旱田和农园。[③]

华人改进胡椒种植法，即采用木柱法。他们不是模仿土著让

---

① 维克多·珀塞尔：《东南亚华人》，转引自《南洋问题资料译丛》，1958 年第 2～3 期，第 127 页。

② Yamin, Mohd, "Hubungan Sahabat Indonesia-Tiongkok Dalam Tiga Zaman", Majalah *Mimbar Indonesia*, No.16（19 April 1956）.

③ 《蔡焕玉甲必丹史事》，雅加达《新报》副刊，1951 年 2 月 24 日；*Geillustreede Encyclopaedie van Ned. Indie*，Vol. Ⅱ，p.257.

胡椒藤缠绕在树上（胡椒籽结在藤蔓上），而是在地上插一根短粗的竿子让藤蔓缠绕，这样便于藤蔓保存所吸收的养料。华人还把藤蔓上的叶子摘掉，使胡椒籽接收更多的阳光。此外还合理密植，使胡椒园从原先的每公顷 1200 株增加至 2500 株，产量增加 1 倍以上。由于成功地应用上述先进种植法，16 世纪万丹成了世界胡椒最大的生产地。邦加和勿里洞最初的农田几乎都由华人耕作，至 20 世纪 60 年代，胡椒出口量占产量的 80%，是世界上第一大胡椒出口地。

未成熟的胡椒

　　中国的蔬菜、果品和花卉传入印尼亦不少，如白菜、韭菜、薤、荔枝、龙眼、肉桂等。①

　　从马来语中的汉语借词的角度证明印尼某些蔬菜源自中国，例如韭菜（kucai）、老荞（薤 lokio）、萝卜（loba）、白菜（pecai）、菜心（指一种卷心菜，caisim）、芥蓝（kailan）、龙眼（lengkeng）和荔枝（lici）等。隆巴还以马来语中冠以"中国"的一些植物名，证明它们是从中国进口或引进的农产品新品种，例如，中国茴香（adas Cina）、中国槿（一种香料，bara Cina）、中国竹（buluh Cina）、中国菝葜（gadung Cina）、中国花生（kacang Cina）、中国胡椒（lada Cina）、中国指甲花（pacar Cina）、中国苎麻（rami

中国菝葜

<hr>

① 参见朱杰勤：《东南亚华侨史》，高等教育出版社，1990 年版第 31 页。[原文中"菲菜"疑是印刷错误，应是"韭菜"。印尼语中"kucai"（韭菜）一词借自闽南方言。]

Cina）和中国薯（ubi Cina）等。^①

　　加里曼丹不少水果，如木瓜、柑、橘、石榴、柚、荔枝、芭蕉、洋桃等则是由中国输入种子，再由当地的华侨推广种植经验的。^②

　　隆巴还谈道，中国人将一种名叫"padi ejeree"的新稻种引入印尼。1750 年中国人介绍到印尼的一种先进的舂米机，比当地用人力舂米效率提高四五倍。另外，种植花生容易造成土壤贫瘠，在印尼的中国人采用稻谷和花生轮作制，既提高了作物产量，又保护了土壤。

　　中华人民共和国成立后，归国华侨把经过改进的印尼胡椒和橡胶等种植法带到中国。例如在广东陆丰华侨农场、福建云

印尼橡胶树

---

① Lombard D., *Nusa Jawa*；*Silang Budaya*，jilid Ⅱ，Jakarta，Penerbit Gramedia Pustaka Utama，p.261.
② 参见刘强：《婆罗洲文化》，载《南洋学报》1958 年 12 月。

霄常山华侨农场都有胡椒园，在海南岛兴隆华侨农场有规模很大的橡胶园，归侨们都结合当地条件使用在印尼实践过的先进种植法。

　　苏门答腊东部罗干河下游的港口巴眼亚比是印尼最大的渔场。它的开发与华侨、华人密不可分。早在清同治年间（1862—1874）就有闽南同安县洪思返等 11 人前来该地开发渔场。[1] 从广东梅县来苏门答腊的张煜南（1851—1911）和张鸿南（1861—1911）兄弟，除在当地从事较大规模的种植业和开采锡矿外，还引进中国良种鱼苗放养，促进了渔业的发展。

张鸿南

---

① 《同安县志·人物录·垦荒篇》。

制茶、造纸和织绸

《宋史·外国传》中称阇婆国（爪哇）"地不产茶"。《瀛涯胜览》载，15世纪初，爪哇"若渴则饮水，遇宾客往来无茶，止以槟榔待之"。显然，那时当地人尚无饮茶习惯。《印度尼西亚日报》称，最先移植到印度尼西亚的茶树来自中国。[①]

据德·韩《古巴达维亚》一书记载，印尼的茶种是在1681年由中国传入的。徐继畬（1795—1873）《瀛环志略》卷二称，噶罗巴（指爪哇）"近学制闽茶，叶颇不恶，但不甚多"。"1829年中国茶种及茶树传入爪哇。1832年和1833年耶谷逊从广东聘请数位中国制茶技术人员到爪哇。"试种茶树和传授茶叶的加工法。[②]

大约到1877年，英国商人约翰·彼德（John Peet）到爪哇试种印度的阿萨姆（Assam）茶叶后，在爪哇的中国茶种才逐渐被取代。印尼语中的"茶"（Teh）、"茶壶"（Tekoan）和"茶碗"（Tehwan）都是闽南方言借词，这也从另一侧面说明中国茶和茶具传入印尼的悠久历史。

关于造纸。公元689年，唐代高僧义净在苏门答腊的室利佛逝。"附书广州，欲求墨纸，抄写梵经"。[③]至少在15世纪中叶前，印尼书写还不用纸，马欢的《瀛涯胜览》"爪哇"条称，当时印尼还"无纸笔，用茭章（Kajang）叶以尖刀刻之"。荷兰学

---

① 宋元：《茶叶的来历及其产销概况》，载《印度尼西亚日报》1991年3月20日。

② *Geillustreede Encyclopaedie van Ned. Indie*，jilid Ⅱ，p.257.

③ （唐）义净：《大唐西域求法高僧传校注》，王邦维校注，中华书局，1988年版第260页。

者弗林·梅斯在《爪哇史》一书中称，16 世纪末，中国商人已把纸张输入西爪哇的万丹。这时候万丹人除了用茭章叶书写外，也用纸张作为书写工具。①

据《诸蕃志》《岛夷志略》《瀛涯胜览》《星槎胜览》《西洋番国志》《明史》等记载，中国向印尼群岛一些王国或地区输出的丝绸品名有锦绞、缬绢、皂绞、假锦、建阳锦、青缎、白绢、色绢、红绢、红绿绢、色缎、水绫丝布、花宣绢、青丝布、西洋

欽定四庫全書　史部十一
島夷志畧　地理類十 外紀之屬
提要
臣等謹案島夷志畧一卷元汪大淵撰大淵
字煥章南昌人至正中嘗附賈舶浮海越數
十國紀所聞見成此書今以明馬觀瀛涯勝
覽互勘如觀所稱占城之人項三山金花冠
衣皆縈絲帨產伽南香觀音竹降真香之屬
欽定四庫全書　島夷志畧 提要

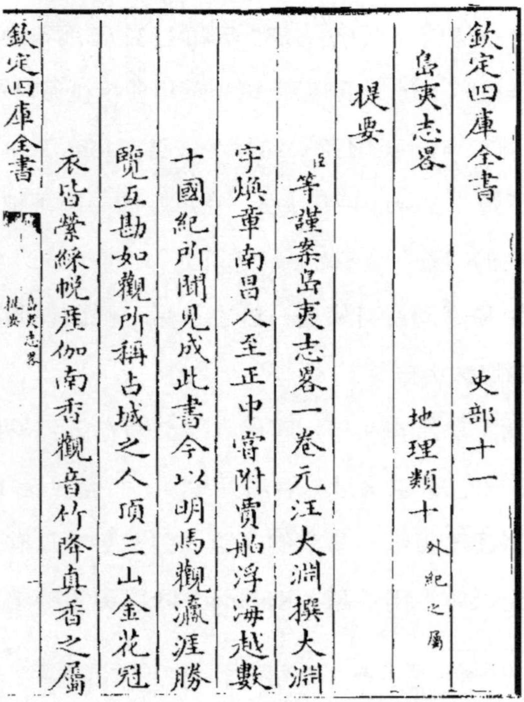

《岛夷志略》书影

① Fruin-Mees, W., *Geschieldenisvan Java*, I, 1925, p.40.

丝布、五色缎、红丝布、绒锦、织金文椅、纱罗、锦绮、缯帛、五色布绢和花绢等，这仅是宋、元、明的部分古籍记载，但已足见当时中国丝绸业的兴旺发达，向印尼群岛出口的丝绸品种繁多，美不胜收。中国不仅向印尼输出丝绸，而且向当地人民介绍养蚕织绸的方法。陶威斯·德克尔写道："我们的祖先确实是从中国学习用蚕丝织绸的。"[1]

制糖和酿酒

如果说 17 世纪以前印尼人食用的糖是棕榈糖，它是由桄榔提炼而成的，那么 17 世纪后在巴达维亚种蔗制糖中，华人做出了重要贡献。1637 年东印度公司决定在巴达维亚一带建立制糖工业。当地第一个制糖磨坊是华人容观创建的。华人不仅给印尼制糖业带来了大量劳力，而且带来了先进的压蔗机械和工艺。水力转磨压蔗机，也是由华人介绍到印尼的。德·韩在《古巴达维亚》一书中称："远在 17 世纪，华侨已在巴达维亚建立蔗糖厂，用中国榨糖法炼制蔗糖，用水力转磨，压榨甘蔗，取汁炼糖。"杜尔称上述水力转磨压蔗机，是华侨首先介绍到印尼来的。在无水的情况下，也可用牛来转动压蔗机。这种新机械，立即受到印尼人民的欢迎。因而 16 世纪末，惹巴拉和巴达维亚生产的蔗糖可向爪哇岛以外的地区出售。华侨传入的水力转磨机至今在西爪哇和西苏

---

[1]　Dekker，Douwes，*Ichtisar Sedjarah Indonesia*，1949，p.53.

门答腊成为重要的动力机械。①

刘继宣、束世澂在《中华民族拓殖南洋史》中写道："盖以爪哇糖业与华人关系最深，当 18 世纪初，华人应握种蔗制糖之牛耳也。"谈到华人在印尼群岛种蔗制糖史上的作用时，珀塞尔称："真正把制糖业带来爪哇的是中国人。"②

巴达维亚的酿酒业也是华人经营的。在历史上，华人曾把使用酒曲和酵母发酵糖浆酿酒的方法传至印尼。荷兰人首次抵西爪哇时，已见到华侨酿的一种烈性亚力酒。16 世纪末初到东印度的荷兰人，目睹万丹的华人"不但忙于经营商业，而且勤于经营酿酒业"。《荷印百科全书》称，华人在印尼用甘蔗酿酒，用曲和酵将糖浆发酵酿出含酒精 66% 的优质烈性酒。③ 而印尼人民从椰树或桄榔树（aren）树梗中提取的液汁制成的"椰花酒"（tuak），清甘可口，深受中国人民的欢迎，被列为外国名酒之一。④《新唐书·诃陵传》载："俗以椰花为酒，其树生花三尺余，大如人膊，割之取汁以成酒，味甘，饮之也醉。"宋代称爪哇"其酒出于椰子及暇蝶丹树……或以桄榔槟榔酿成，亦甚香美"。⑤

---

① Toer, Pramudya Ananta, *Hoa Kiao di Indonesia*, pp.121—122.

② ［英］维克多·珀塞尔：《东南亚华人》（第 2 卷），载《南洋问题资料译丛》1958 年第 2～3 期第 113 页。

③ *Geillustreerde Encyclopaedie van Ned. Indie*, Vol, I, p.56.

④ 《广东通志》卷五二，物产。

⑤ 《宋史·外国传》"阇婆国"条。

印尼椰子树

造船

　　学者认为："中国海船产生于春秋战国时期，而且已经开始了远洋航行活动。"① 印尼民族在造船方面也有悠久的历史。荷兰史学家格朗在《荷印历史》一书中称，公元 741 年印度著名高僧阿莫哈慈拉从中国乘印尼船抵印尼群岛。这表明当时印尼船只已能穿越大洋。

　　历史上中、印（尼）两民族曾有造船方面的交流。

　　长期以来，中国船只驶往印尼群岛以及华人在当地造船，印

----

① 陈希育：《中国帆船与海外贸易》，厦门大学出版社，1991 年版第 2 页。

雕刻于婆罗浮屠上的婆罗浮屠船

尼人至少仿造了以下5种类型的帆船：艁（jung），一种通常有三桅樯的大帆船，其中不少可用于远渡重洋；舢舡，略小于的双桅大帆船，用于驳运货物；佐尼亚，一种运货的大舢板；斯那特，大口船。[1] 此外，艎舡也是仿造中国的一种三桅帆船。[2]《荷印百科全书》还指出，舢板源自中国。印尼语中的"sampan（舢板）"一词是闽南方言借词。中国的四角舢板（sampan kotak）常出现于东苏门答腊、廖岛和亚齐的江河。

舢板

---

[1] *Geillustreerde Encyclopaedie van Ned. Indie*，Vol，Ⅴ，p.445；*Ensiklopedi Indonesia*，1989，Vol.Ⅲ，p.1606；Vol Ⅵ，p.3593.

[2] *Ensiklopedi Indonesia*，1989，Vol.Ⅶ，p.3873；Knmus Besar Bahasa Melayu，p.1343.

第五章
中国与印度尼西亚
文化交流的特点

历史悠久，长期持续

中国和印尼人民间的友好往来和文化交流可追溯到两千年以前。关于中国与东南亚及南亚诸国发生海上交通联系，《汉书·地理志》载：

自日南障塞、徐闻、合浦船行可五月，有都元国；又船行可四月，有邑卢没国；又船行可二十余日，有谌离国；步行可十余日，有夫甘都卢国。自夫甘都卢国船行可二月余，有黄支国。民俗略与珠崖相类。其州广大，户口多，多异物，自武帝以来皆献见。有译长，属黄门，与应募者俱入海，市明珠、璧流离、奇石异物，赍黄金、杂缯而往。所至国皆禀食为耦，蛮夷贾船，转送致之。亦利交易，剽杀人。又苦逢风波溺死，不者数年来还。大珠至围二寸以下。平帝元始中，王莽辅政，欲耀威德，厚遗黄支王，令遣使献生犀牛。自黄支船行可八月，到皮宗；船行可二月，到日南、象林界云。黄支之南，有已程不国，汉之译使自此还矣。

《汉书·地理志》在记载汉代外交使节及随行商人出洋访问东南亚及南亚的行程时指出，上述出访人员在归国途中，不再途经马来半岛的克拉（Kera）地峡陆路，而是经由马六甲海峡，绕过马来半岛南端，到达皮宗（今越南平山），最后回到日南郡的象林界。一去一回，全程费时两年。[①]

那么，在通过马六甲海峡时，那些汉代商人和海峡一侧的印尼人进行贸易活动，是完全可能的。那些商贾带着黄金、杂缯（丝绸）到南洋和印度贸易的目的是购买明珠（珍珠）、璧流离（一种宝石）、奇石异物，这些物品在印尼是不少的。印尼马鲁古群岛的托波，是世界著名的珍珠产地。《诸蕃志》卷下载："珍珠出大食国之海岛上，又出西难、监篦二国。"监篦（Kampar）位于苏门答腊东岸。由此可知，珍珠是印尼的名产，汉代商人通过马六甲海峡向印尼商人购买珍珠及进行其他经济活动，那是很自然的。[②]

从对《汉书·地理志》记载的分析看，在公元前中国、印尼间的人员来往是很可能的。上文提到的考古学家在苏门答腊、爪哇和加里曼丹等地发现西汉的雕像、陶器和薄绿釉龙勺；在中爪哇日惹附近发掘出纪元前的中国古钱；爪哇语"jambe"的对音"仁频"（意"槟榔"）在公元1世纪就存在于汉语中……

---

① 朱杰勤：《汉代中国与东南亚和南亚海上交通路线试探》，载朱杰勤：《中外关系史论文集》，河南人民出版社，1984年版第70～77页。

② 李学民、苗昆章：《印尼华侨史》，广东高等教育出版社，1987年版第9页。

这些都可作为中国、印尼之间早在两千年前的经济、文化来往的证明。

《后汉书·顺帝本纪》载：顺帝永建六年十二月（132 年初）"日南徼外叶调国、掸国遣使贡献"。注引《东观记》三称："叶调国王遣使师会诣阙贡献。"据考证，叶调国就是今日的爪哇。师会是我国史籍所载的印尼来华的第一位使者。

前文提到东晋时代高僧法显自陆路去印度取经，在取海道归国途中曾于义熙七年（411）漂泊至耶婆提。法显是我国史籍上提到的最早到过印尼的中国人。

华严寺法显雕像

中国、印尼的友好往来和文化交流，不仅历史悠久，而且长期持续。

唐代咸亨（670—674）至开元（713—741）间室利佛逝遣使献歌舞；咸通（860—874）爪哇"献女乐"，与中国进行文化交流。唐代往印度求经的僧侣有不少人前往爪哇的诃陵和苏门答腊的室利佛逝研究佛教。其中高僧义净曾三次在室利佛逝羁留。他撰写的《大唐西域求法高僧传》和《南海寄归内法传》介绍了包括室利佛逝在内的南海风土人情，是研究印尼古代史的珍贵文献。据义净记载，当时我国西行求法的高僧60人中，取海道路经印尼群岛的有19人。

唐末和宋代中国史籍称爪哇为阇婆。宋廷与阇婆和室利佛逝有着友好关系。《宋史·阇婆国传》记载了太宗淳化三年（992）和徽宗大观三年（1109）阇婆国两次遣使来华的史实，以及中国商贾在印尼受到的厚待。

明朝的郑和率领船队在1405年至1433年七下西洋，每次都到印尼群岛进行友好访问和贸易活动。明朝与爪哇关系亲密，使节互访频繁。据统计，在明朝开国最初的100年间，爪哇使节访华达二十余次。

15世纪末以后，印尼与中国的友好关系不断遭到殖民者的干扰和破坏。从那时候起，尤其是近百年来，两国人民在反抗殖民主义和外来侵略的斗争中，患难与共，互相同情，互相支持。1950年两国建交后，在各个领域的交流与合作得到了良好的发展。近年来，印尼试种中国杂交稻就是一个很好的例子。据《千岛日报》（2005 年 9 月 6 日）报道，印尼水稻平均产量每公顷 4.4 吨。2001 年在全国 5 个省 10 个试验点试种袁隆平农业高科技股份有限公司提供的中国杂交稻种，每公顷普遍达到 8 吨以上，米质也优于普通印尼米。而且抗倒伏、抗病虫害和抗旱能力都比较强。这种"隆平稻"在印尼有很大的市场。

爪哇岛使用水牛耕田

领域广泛、互通有无

中国、印尼文化交流的范围涉及物质文化、精神文化和制度文化各个方面。除了上文介绍的宗教、文学、语言、艺术、建筑、医学、生产技术、生活习俗、日常用具等，长期的贸易活动也是重要领域。

随着中国和印尼间航海事业的发展，双方的贸易额不断增加。例如宋代中国向印尼输出丝绸、陶瓷、铜器、铁器和其他手工业品，输入主要是香料和奢侈品。《诸蕃志》卷下"志物篇"所载 47 种输入品，其中 29 种是香料，有 16 种是印尼产的。它们是：①脑子（即龙脂，今称樟脑，又叫婆律香，因产于苏门答腊西岸的婆律师而得名）；②金颜香（或称金银香，为印尼语 kemenyan 的对音，产于苏门答腊）；③安息香(《诸蕃志》载"安息香出三佛齐国"，《海药本草》称：安息香"生南海波斯国"，这里是指苏门答腊北端

中药安息香

的巴赛）；④沉香（《诸蕃志》载三佛齐产沉香）；⑤速暂香（《诸蕃志》载阇婆产速暂香）；⑥檀香（《诸蕃志》载："檀香出阇婆之打纲、底勿二国，三佛齐亦有之。"有学者称打纲指三宝垄或打拉根，底勿指努沙登加拉群岛）；⑦丁香（《诸蕃志》载："丁香出大食、阇婆诸国。"）；⑧肉豆蔻（《诸蕃志》载："肉豆蔻出黄麻驻、牛等深番。"黄麻驻和牛都在印尼群岛，即分别指班达岛西北之布鲁岛北岸港口和班达岛中之亚比山）；⑨降真香（《诸蕃志》载："降真香出三佛齐、阇婆、蓬丰。"）；⑩槟榔（《诸蕃志》载："三佛齐取其汁为酒，商舶兴贩，泉、广税务岁收数万缗。"）；⑪白豆蔻（《诸蕃志》载："白豆蔻出真腊、阇婆等番。"）；⑫胡椒［《诸蕃志》载："胡椒出阇婆之苏吉丹、打板、白花园、麻东、戎牙路，以新拖者为上，打板者次之。"苏吉丹指爪哇；打板今称厨闽；白花园为西爪哇的巴查查兰，又有人称是东爪哇的岩望（Pasuruan）；麻东即中爪哇的梅当（Medang）或巴当（Batang）；戎牙路（Janggala），今泗水一带；新拖即巽他（Sunda），今万隆一带。］；⑬毕澄茄（《诸蕃志》载："出阇婆之苏吉

中药毕澄茄

丹。"）；⑭阿魏（《本草纲目》称："阿魏出三佛齐。"）；
⑮芦荟（《本草纲目》称："爪哇、三佛齐国所出者，乃草属。"）；
⑯龙涎［《岛夷志略》称："有龙涎屿，以出龙涎得名，即位于苏
门答腊西北角的龙涎岛（Pulau Bras）"］① 印尼的这些香料促进
了中国的烹饪和医药的发展。

樟脑沙，可用于除臭或是药用

① 参照吴世璜：《中国印度尼西亚人民友好往来简史》未刊本第 4 章。

东爪哇岛

　　中国、印尼之间的贸易是互利的。陶威斯德克尔曾写道："满者伯夷和中国之间的贸易是颇频繁的，爪哇的硫黄最为中国所需要。……（印尼）人民亦已采用来自中国的陶器和碗碟。由于中国、印尼之间的贸易，许多爪哇王的后裔做了财主，贵族也做了商人，航业进步，经营方面得到新的方法。许多人经营土产，输出到中国，使中国爪哇两方面得到利益。""中国印尼之间的贸易除了商业上的利益，还有其他好处，即中国优美的文化传布到印度尼西亚，使印度尼西亚的艺术和文化光辉灿烂。"①

---

① 转引自吴世璜：《印尼史话》，世界出版社，1951 年版第 84 页。

硫黄

前面我们已介绍了中国文化对印尼的诸方面影响，同时我们也应充分看到中国的语言、宗教、艺术和科技等领域也受益于印尼文化。例如上文提到的，印尼是中国南方伊斯兰教传入的渠道之一。《宋史》"三佛齐"条载，公元 971 年苏门答腊的三佛齐将火油（即煤油）介绍给中国；明代郑和出使西洋时曾从苏门答腊岛和加里曼丹岛带回苏泥、勃青等色料，从而提高了中国瓷器的质量；史籍《谱双》记载印尼象棋在宋代传入中国，受到中国百姓的喜爱。到了现代，在汉语中的马来语借词"槟榔""榴梿"和"纱笼"等依然流行。华侨也把印尼的一些蔬菜、果树等品种带回祖国栽种。《云霄厅志》卷六载："和兰豆，出吧国（即巴达维亚一带），祖家和兰，遂因从名之，乾隆初，有自吧携来者种之，遂遍四方。""荷兰豆，似扁豆而小，色绿甘脆，近始有之，尚少。"《泉州府志》卷十九"物产"条又载："番芥蓝，咖喇吧（指爪哇）种，叶色紫而带粉，香鲜可爱，不大宜食。"同条还记载福建有一种杧果也是"咖喇吧种"[1]。虽然由于气候等原因，福建一带的杧果不能结得像热带的那样硕大丰满，但毕竟丰富了中国的水果品种。[2]荷兰豆，闽南语又作"荷仁豆"。它原产于荷兰，后传入印尼，又从印尼传到中国。时至今日，当时"尚少"的荷兰豆，已遍种福建各地，并成了入冬以后闽人喜欢吃的一种菜豆。20 世纪 60 年代初，"在广东、福建沿海一带侨乡，人民群众的生活习惯上更是可以比较明显地看出印尼的影响。许多地方遍植印尼花木，房屋建筑体现印尼风格，颇具印尼风光"。[3]

此外，印尼的歌舞、文学和食品等在中国也很受欢迎。

善于学习，积极创新

一国吸收他国的文化，绝不是生搬硬套、生吞活剥，而是根据自身的需要，有所取舍，甚至有所改造和创新。

《荷印百科全书》还指出，舢板源自中国。印尼语中的"sampan"（舢板）一词是闽南方言借词。中国的四角舢板（Sampan kotak）常出现于东苏门答腊、廖岛和亚齐的江河。

---

① 《泉州府志》（乾隆版）卷一七物产条。
② 温广益等：《印度尼西亚华侨史》，海洋出版社，1985 年版第 137 页。
③ 齐卉之：《访吴世璜副教授》，载《人民中国》1964 年第 7 期。

　　这里应该指出的是，世世代代生活在群岛上的印尼人民，善于航海，擅长造船，他们还注意学习别国的造船经验。例如他们在汲取中国人建造舢板的经验，进一步加以改进和创造，制造了至少 30 种不同类型的舢板，[①] 真可谓是青出于蓝而胜于蓝！

　　思想意识的相互影响也是文化交流的重要组成部分。孙中山的学说对苏加诺的影响就是一个典型的、意义深远的例子。我们知道，苏加诺（1901—1970）是印尼杰出的反殖民主义的战士，著名的民族主义者，印度尼西亚共和国的开国元勋、首任总统。他的主要历史功绩之一就是创立了别具一格的苏加诺学说（即苏加诺主义）。他在多次讲话中都谈到孙中山的三民主义对他的重要影响。1945 年 6 月 1 日印尼独立前夕的一次重要会议上，苏加诺说："在 1918 年，感谢真主！另外一个人提醒了我，这就是孙逸仙博士！在他的著作'三民主义'中，我受到了教育……如果说中华民族把孙逸仙博士当作他们的领导者，那么，我苏加诺作为一个印度尼西亚人，也衷心地感谢孙逸仙博士，直到我进坟墓的那一天。"[②]

　　1956 年 10 月 4 日在清华大学演讲时，苏加诺总统说："我把孙逸仙博士的民族主义、民权主义和民生主义加以综合，我把三民主义同我精神世界里接触到的伟大人物的理论结合在一起。在

---

① *Geillustreerde Encycloopaedie van Ned. Indie*，Vol.5，pp.442—443.

② Sukarno，*Lahirnya Pancasila*，Departemen Penerangan RI，1995，pp.21—22.

苏加诺肖像，存于荷兰莱顿大学图书馆

孙中山肖像，存于孙中山纪念馆

这里面，我放进了马克思的理论、恩格斯的理论、甘地的理论、加米尔（凯末尔）巴夏的理论；我又把它同印度尼西亚的各种情况结合起来，我把它同宗教结合起来，把它同印度尼西亚风俗习惯结合起来。最后就成为我在 1945 年里献给印度尼西亚的礼品，它不是三民主义，而是'五民主义'，或者是'潘查希拉'（印度尼西亚建国五原则）。"[①]

显然，印尼民族是一个善于吸收世界优秀文化，又善于改造和创新的民族。

中国移民及其后裔起了重要的桥梁作用

中国、印尼文化交流历史如此悠久，领域如此广泛深入，中国移民及其后裔土生华人是促进这种交流的主角，他们起了重要的桥梁和纽带作用。如果说公元 411 年抵爪哇的法显是史籍记载的第一个抵印尼的中国人，那么黄巢起义军攻占广州后，移居苏门答腊的中国人数量就不少。阿拉伯人马素提《黄金牧地》中载，943 年至苏门答腊，见其地有华人甚多，从事耕植。而巴邻旁（即巨港）尤为萃会之区。亦系避黄巢乱而来云。[②]唐代高僧运期、怀业等恋居室利佛逝不归。[③]另外，"据爪哇文献，924 年（唐同光

---

① 《新华半月刊》1956 年第 21 期。
② 刘继宣、束世澂：《中华民族拓殖南洋史》，上海商务印书馆，1934 年版第 24 页；李长傅：《中国殖民史》，商务印书馆，1937 年版第 60 页。
③ （唐）义净：《大唐西域求法高僧传校注》，王邦维校注，中华书局，1988 年版第 249 ～ 252 页。

六年）有中国大沙船一艘，在爪哇之三宝垄附近沉没，船客漂流至岸，其管舱者献宝物于直葛（Tegal）王，得王之允许，招集余众，定居其地，受优良之待遇，是为中国人定居爪哇之始"。[①] 由此可见，唐代末期开始有成批中国移民定居印尼群岛。这可能就是为什么印尼华侨称中国为唐山（Tengsua），称自己为唐人（Tenglang）的缘故。

如果说，直至 11 世纪末（北宋），中国在东南亚的海上贸易仍然依赖外国船的话，那么到了 12、13 世纪（南宋）时中国商船开始直接同东南亚各海港进行贸易。"宋代中国与东南亚海岛国家的贸易往来最多的国家还是印尼。"[②]

由于宋代末期中国民间商人及其他阶层出洋谋生，往往一二十年不归，并且与土著妇女结婚，生儿育女，因此侨居国开始出现"土生唐人"。[③] 也正是在那时，印尼华侨社会初步形成。

元至明代，两国贸易进一步发展，印尼华侨人数也不断增加。明初在爪哇岛东部的杜板、锦石、泗水和上文提到的惹班等地成了华侨聚居的村落。《瀛涯胜览》载："杜板番名赌斑（Tuban）……此处约千余家，以二头目为主，其间多有中国广东及漳州人流居此地。""新村，番名曰革儿昔（Gresik），原系沙滩之地，盖因中国之人来此创居，遂名新村，至今村主广东人也，

---

① 李长傅：《中国殖民史》，第 60 页。参见李学民、黄昆章：《印尼华侨史》，第 85 页注 54 称 924 年应为后唐同光二年，不是引文中所述的后唐同光六年。
② 朱杰勤：《东南亚华侨史》，高等教育出版社，1990 年版第 13 页。
③ 参见李学民、黄昆章：《印尼华侨史》，广东高等教育出版社，1987 年版第 48 页。

约有千余家。”“苏鲁马益，番名苏儿把牙（Surabaya，今泗水）……亦有村主，掌管番人千余家，其间亦有中国人。”元末明初期间，在苏门答腊也已有不少华侨。《明史·外国列传》“三佛齐”条载：“时爪哇已破三佛齐，据其国改其名曰旧港，三佛齐遂亡。国中乱，爪哇亦不能尽有其地，华人流寓者往往起而据之；有梁道明者，广州南海县人，久居其国。闽粤军民泛海从之者数千家，推道明为首，雄视一方。”《瀛涯胜览》中也载中国人移居巨港一带的史实：“旧港，即古名三佛齐国也。番名曰浡淋邦（Palembang），属爪哇国所辖。……国人多广东漳泉州人逃居此地。”

16世纪末、17世纪初荷兰殖民者来到印尼。至1870年实行新殖民政策时，印尼华侨总数已有25.956万人。1930年，华侨人数增至123.3万人。[1]

从17世纪开始，荷兰东印度公司就不断到中国东南沿海劫掠人口，把他们押往印尼群岛充当奴隶。有学者写道：“在

在阿姆斯特丹的东印度公司总部大楼

[1]　Indisch Verslah，1938，p.41.

印度尼西亚的许多岛屿当中，由于荷兰人实行强迫劳动制，基本的劳动力是当地的马来人（印尼土著），但是最初的中国苦力劳动也起了显著的作用。""输入印度尼西亚的契约苦力数量非常大，单根据官方资料，在 1912 年至 1932 年这一时期，总共输入了22.5 万名招募来的中国苦力。"①

印尼前总理阿里·沙斯特罗阿米佐约指出："远在我们两国第一次通航有海上贸易以来，印尼便和中国一直是友好的邻邦。中国的航船不仅带来了货物，随之而来的还有许多中国商人、工人、手工业者，他们在我国定居下来，带来了中国的技术和古老的文化，直到现在，我国许多岛屿上还保留着这些文化的精华。"②

阿里·沙斯特罗阿米佐约

以儒释道为基础的伦理道德和价值观念，是中华文化的重要组成部分。它在华人中往往最有生命力，影响也最深。近百年来，印尼华人翻译和撰写了许多中国伦理道德的书籍，尤其是孔子的学说，把它介绍给当地

---

① 西莫亚尼：《东南亚各国的中国居民》，载《南洋问题资料译丛》1963 年第 1 期。
② 《人民日报》，1955 年 6 月 3 日。

社会。

我们说华人，特别是土生华人在促进中国、印尼文化交流中起着重要的纽带作用，这并不是说一个民族的文化可以轻易地影响另一民族的文化。文化交流是一个渐进的、有层次的过程。

从中国文化传入印尼的过程看，开始时只局限于华人范围，后扩展至土著社会，最后与土著文化融合。例如，据笔者统计，在《印尼语大众词典》中闽南方言借词218个，其中收入正规印尼语的有77个，占35.3%，收入雅加达方言的24个，占11%，而华侨内部使用的有117个，占53.7%。[①] 最初上述汉语语词是华侨使用的，被印民语或方言吸收的只是一部分，而且是经历传播、介绍、混用、吸收这一漫长过程的。

我们说中国移民及其后裔起了重要的桥梁作用，主要是指他们在印尼传播中华文化。而印尼文化在中国的传播，除从印尼访问或经商归来的中国官员、学者、商贾以及返故乡的华侨外，来中国的印尼官员、商贾等也起了积极的作用。至于来中国的印尼移民，人数极少，这是历史、社会等原因造成的。

回顾历史，展望未来，中国、印尼的文化交流源远流长，领域广泛，流光溢彩，前程似锦。

---

① Kong Yuanzhi，"A Study of Chinese-Loanwords in the Malay and Indonesian Languages"，Leiden（Holland），*Bijdragen tot de Taal-*，*Land-en Volkenkunde*，No.143～Ⅳ.1988.

主要参考文献：

1. Gelderen, von Heine, "Prehistoric Research in the Netherlands Indies", *Science and Scientist in the Netherlands-Indie*, 1945.

2. Kong Yuanzhi, "A Study of Chinese Loanwords in the Malay and Indonesian Languages", Leiden（Holland）：*Bijdragen tot de Taal-, Land-en Volkenkunde*, No.143-IV, 1988.

3. Lombard D., *Nusa Jawa, Silang Budaya*, jilid II, Jakarta：Penerbit Gramedia Pustaka Utama, 1996.

4. Shadily, Hasan（ed）, *Ensiklopedi Indonesia*, Jakarta, PT Ichtiar BaruVan Hoeve, 1985.

5. Slametmuliana.*Runtuhnya Kerajaan Hindu Jawa dan Timbulnya Negara-Negara Islam di Nusantara, Jakarta*：Penerbit Bhratara, 1968.

6. Suryadinata, Leo, *Pribumi Indonesians, The Chinese Minority and China*, Singapore, Hienemann Asia, 1977.

7. Toer, Pramudya Ananta, Hoa Kiao Di Indonesia, Penerbit Garba Budaya, 1998.

8. Willmutt D.E., *The Chinese of Semarang*, Penerbit Cornell University 1960.

9. 孔远志：《中国与印度尼西亚文化交流》，北京大学出版社，1999 年版。

10. 李学民、黄昆章：《印尼华侨史》，广东高等教育出版社，1987 年版。

11. 吴世璜：《中国印度尼西亚人民友好往来简史》，未刊本。

12. 周南京：《历史上中国和印度尼西亚的文化交流》，载周一良主编：《中外文化交流史》，河南人民出版社，1987 年版。

13. 朱杰勤：《东南亚华侨史》，高等教育出版社，1990 年版。